Un acercamiento a las plantas

TALLOS

Alicia Klepeis y Pablo de la Vega

 Rourke

Actividades para antes y después de la lectura

Antes de la lectura:

Construcción del vocabulario académico y los conocimientos previos

Antes de leer un libro, es importante utilizar lo que ya saben los niños acerca del tema. Esto los ayudará a desarrollar su vocabulario, incrementar su comprensión de la lectura y hacer conexiones con otras áreas del currículum.

1. *Ve la portada del libro y lee el título. ¿De qué crees que trata este libro?*
2. *¿Qué sabes de este tema?*
3. *Veamos el índice. ¿Qué aprenderás en cada capítulo del libro?*
4. *¿Qué te gustaría aprender acerca de este tema? ¿Piensas que podrías aprender algo con este libro? ¿Por qué sí o por qué no?*
5. *Usa un diario de lectura y escribe en él tus conocimientos de este tema. Anota lo que ya sabes de él y lo que te gustaría aprender.*
6. *Lee el libro.*
7. *En tu diario de lectura, anota lo que aprendiste del tema y tus reacciones al libro.*
8. *Después de leer el libro, realiza las actividades que se encuentran abajo.*

Área de contenido Vocabulario
Lee las palabras de la lista. ¿Qué significan?

floema
glucosa
herbáceos
marchitarse
nudo
nutrientes
plántula
tubérculos
xilema

Después de la lectura:

Actividad de comprensión y extensión

Después de leer el libro, use las siguientes preguntas con su hijo o alumnos para verificar su nivel de comprensión lectora y dominio del contenido.

1. *¿Cuáles son las funciones principales que cumplen los tallos en las plantas?* (Resume).
2. *¿Las plantas podrían sobrevivir sin tallos?* (Infiere).
3. *¿En qué se diferencian los tallos leñosos de los herbáceos?* (Formulación de preguntas).
4. *¿Has comido tallos? ¿Cuáles?* (Conexiones texto a ti mismo).
5. *Menciona algunas razones por las cuáles los tallos podrían marchitarse o doblarse.* (Formulación de preguntas).

Actividad de extensión:

Después de leer el libro, realiza esta actividad. Necesitarás dos vasos o frascos. Pon un poco de agua en uno de los frascos y deja el otro vacío (seco). En cada frasco, coloca una ramita, una rosa (con su tallo) y una flor como un tulipán o un diente de león (también con su tallo). Deja estos tallos en los frascos por un par de días. ¿Qué diferencias hay entre los tallos en el frasco seco y los que están en el frasco con agua?

Índice

lenteja de agua

secoya

4

Hay plantas por todos lados

Piensa en una planta en maceta en una ventana. O en un olmo en el jardín. Las plantas están por todos lados. Las plantas tienen distintos tamaños, formas y colores. Las secoyas gigantes miden cientos de pies de altura. ¡Pero las lentejas de agua son tan pequeñas como granas de caramelo!

Sin importar su tamaño, las plantas suelen tener las mismas partes principales, entre las que se encuentran las raíces, el tallo y las hojas.

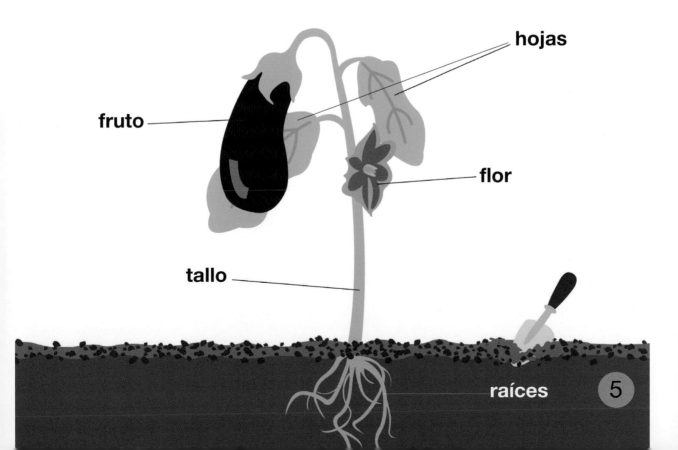

hojas

fruto

flor

tallo

raíces

Cómo crecen las plantas

La mayoría de las plantas nacen de semillas. Cada semilla contiene una planta minúscula. ¿Qué necesitan las semillas para germinar? Necesitan agua y luz del Sol. También necesitan una buena ubicación.

Si una semilla cuenta con estas cosas, se convertirá en una **plántula**. Sus raíces crecerán bajo la tierra. Pero su tallo se estirará hacia el Sol.

El sostén de una planta

El tallo ayuda a la planta a crecer y sobrevivir. Lo hace de muchas maneras. Un trabajo importante del tallo es sostener a la planta. El tallo es como tu columna vertebral. Sin ella, te caerías. No podrías pararte derecho.

¿Alguna vez has visto un tallo doblarse? Eso puede suceder si la planta no recibe suficiente luz. Las plantas también pueden encorvarse por otros motivos. Si no hay suficiente agua circulando por el tallo, una planta podría **marchitarse**.

La planta de la izquierda se ve sana. La de la derecha está encorvada y ha perdido hojas, quizá es porque necesita más agua.

Enderezando una planta

En ocasiones, los tallos de las plantas necesitan un poco de ayuda. ¿Por qué? El peso de sus frutos o flores podría doblarlos. Por ejemplo, una planta de tomates: los jardineros suelen colocar un palo de madera y anudar suavemente algunas cuerdas alrededor del tallo. Esto ayuda a la planta a mantenerse en posición vertical.

Para llegar al Sol

Las plantas crecen en la dirección del Sol. ¿Por qué? Necesitan de la luz del Sol para vivir. Las plantas usan la luz del Sol para producir su alimento.

El tallo permite que la planta pueda llegar a un lugar donde hay luz. ¿Alguna vez has visto flores dentro de una casa inclinándose hacia una ventana? Su verde tallo crece y se mueve hacia el Sol. Igualmente, el tallo de una hiedra dará vuelta y se doblará para recibir la luz del Sol.

Todos los girasoles de este campo se mueven para que el Sol les dé de frente.

Agua y nutrientes

Todas las plantas necesitan agua y **nutrientes** para crecer grandes y fuertes. El calcio y el nitrógeno son dos ejemplos. La gente también necesita ciertas vitaminas y minerales para mantenerse saludable.

El tallo de una planta está conectado a las raíces y hojas. El **nudo** es la parte del tallo desde el que crece una hoja o rama. Una planta puede tener muchos nudos.

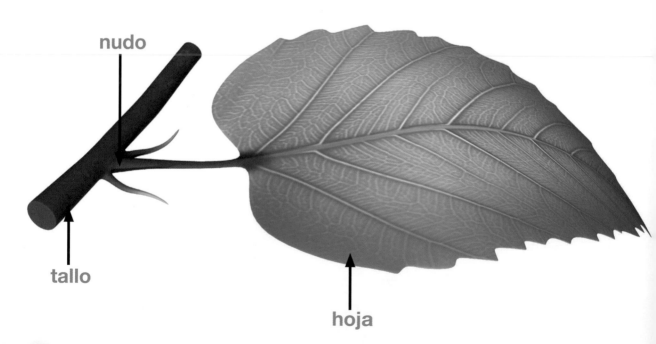

nudo

tallo

hoja

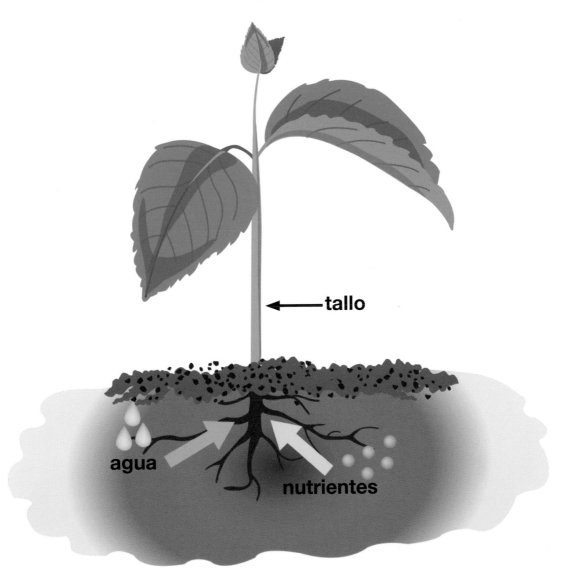

En primer lugar, las raíces de las plantas absorben agua y nutrientes del suelo. Luego, el tallo los recibe y pasa al resto de la planta. El tallo lleva agua y nutrientes a las hojas.

¿Cómo viajan el agua, los minerales y los nutrientes a través del tallo? El tallo tiene tubos especiales dentro. Se llaman **xilema** y **floema**. Cada tubo desempeña una función distinta. El xilema lleva agua y minerales disueltos desde las raíces a las hojas.

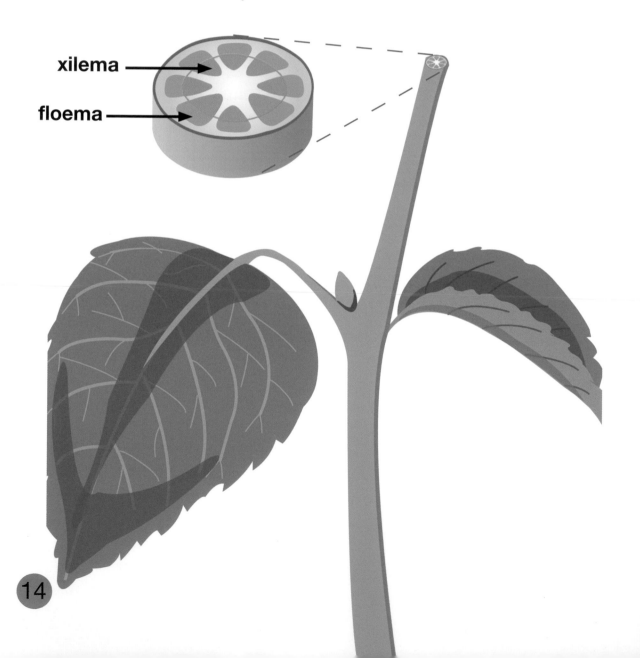

xilema

floema

El floema lleva la comida desde las hojas al resto de la planta. No es comida como pizza o hamburguesas. Las plantas producen su propio tipo de comida. La producen en sus hojas. Esta comida es un azúcar llamado **glucosa**. Da a la planta energía para desarrollarse.

El tallo es como una autopista por la que se transporta el agua y la comida a través de la planta.

Tallos comestibles

La gente alrededor el mundo come tallos. Suena raro, ¿no es verdad? Los espárragos son tallos. El apio y el ruibarbo también. De hecho, las papas son tallos de almacenamiento comestibles llamados **tubérculos**. ¡Los tallos pueden ser deliciosos! Así es que la próxima vez que ayudes a cocinar, ¡prueba algunos tallos!

Tallos para almacenar

Los tallos sostienen a las plantas. También le proporcionan un sistema de transporte para los nutrientes y el agua. Pero algunos tallos también pueden almacenar alimento. Los tallos de la caña de azúcar y las papas almacenan comida que las plantas podrán usar después. Este alimento almacenado ayuda a las plantas a crecer.

Los árboles de baobab

Los árboles de baobab viven regularmente en áreas áridas de África y Australia. Estos asombrosos árboles son como esponjas. Almacenan agua en sus tallos leñosos. Esto los ayuda a sobrevivir las sequías estacionales. ¿Cuánta agua puede almacenar un baobab? ¡Decenas de miles de galones!

¿Alguna vez te has preguntado cómo los cactus sobreviven en el desierto? Los tallos de los cactus almacenan agua. Esto les permite sobrevivir a los largos periodos de sequía.

cardón canario

Tipos de tallos

¿Todos los tallos son iguales? No. Algunas plantas tienen tallos leñosos. De hecho, el tronco de una árbol es un tallo. Los tallos leñosos son fuertes. Sostienen bien a una planta. Estos tallos no se doblan. Su superficie es quebradiza.

No todas las plantas tienen tallos leñosos. Algunos tallos son suaves. Muchas flores tienen tallos suaves o **herbáceos**. Igual que muchas plantas domésticas. Estos tallos son más delicados. Se doblan.

¿Cómo viaja el agua por el tallo?
¡Averigüémoslo!

Qué necesitas:

- un vaso
- agua
- una regla
- una cucharita
- colorante rojo o azul
- un pedazo de apio con sus hojas
- un cuchillo
- una hoja de papel y un bolígrafo

Qué harás:

1. Vierte alrededor de 2 pulgadas (5 centímetros) de agua en un vaso.

2. Agrega 2 cucharaditas (9.86 mililitros) de colorante comestible a tu vaso de agua. Mezcla bien.

3. Pide a un adulto que corte una pulgada (2.5 centímetros) de la base de un apio.

4. Coloca el trozo de apio en el vaso con agua de color.

5. En tu hoja de papel, anota una predicción acerca de lo que piensas que sucederá con el apio.

6. Deja el apio toda la noche en el agua de color.

7. Al día siguiente, escribe lo que observaste. ¿Estabas en lo correcto?

Glosario

floema: Un tejido contiene tubos que transportan azúcares desde la hoja hacia el resto de la planta.

glucosa: Un azúcar natural que producen las plantas y que es una fuente de energía para los seres vivos.

herbáceos: En este caso, se refiere a un tallo con escaso o ningún tejido leñoso.

marchitarse: Que pierde la frescura y la firmeza; se dobla.

nudo: La parte del tallo donde crece una rama o una hoja.

nutrientes: Sustancias como los minerales o las vitaminas que la gente, los animales o las plantas necesitan para mantenerse sanas y fuertes.

plántula: Una planta joven que acaba de germinar de una semilla y que no proviene de un brote.

tubérculos: Partes subterráneas de un tallo que son gruesas y que sirven para almacenar alimento.

xilema: Un tejido que lleva agua y nutrientes disueltos desde la raíz hacia el resto de la planta.

Índice alfabético

Demuestra lo que aprendiste

1 ¿Por qué los tallos son tan importantes para las plantas?

2. ¿Cuáles son los dos tipos principales de tallos y en qué se diferencian?

3. ¿En qué dirección tienden a crecer los tallos?

4. ¿Cuál es la diferencia entre xilema y floema?

5. ¿Cómo puede usar la gente los tallos?

Acerca de la autora

De las ciencias del circo a las gomitas, Alicia Klepeis adora investigar temas divertidos y fuera de lo ordinario que hacen que la no ficción sea atractiva para los lectores. Alicia comenzó su carrera en la National Geographic Society. Es autora de muchos libros para niños, entre los que se encuentran: *Bizarre Things We've Called Medicine* y *The World's Strangest Foods*. No tiene manos de jardinero, pero se las ha arreglado para mantener un cactus vivo por más de 20 años. Alicia vive con su familia al norte del estado de Nueva York.

www.rourkebooks.com

PHOTO CREDITS: Cover: background photo © bamboo background © life-literacy, stem diagram cross-section © udaix. plant © Jakinnboaz; page 4-5 plant diagram © Jakinnboaz, sequoias © My Good Images, duckweed © Magnetic Mcc; page 6-7 seed growing © showcake, sun © ZaZa Studio; page 8 upright flower © jannoon028, drooping Flores © akiyoko, page 9 © vvoe; page 10-11 © RM911; page 12-13 leaf.node diagram © sciencepics, page 13 and 14 © Jakinnboaz, page 15 © benjamas11; page 16-17 cactus © underworld, baobab tree © Raffaella Fiore; page 18-19 © Arthur Linnik; page 20 © LittleMiss. All photos images Shutterstock.com

Editado por: Laura Malay
Diseño de la tapa e interior: Nicola Stratford
Traducción: Pablo de la Vega

Library of Congress PCN Data

Tallos/ Alicia Klepeis y Pablo de la Vega
 (Un acercamiento a las plantas)
  ISBN 978-1-73165-449-6 (hard cover)
  ISBN 978-1-73165-500-4 (soft cover)
  ISBN 978-1-73165-533-2 (e-book)
  ISBN 978-1-73165-566-0 (e-book)
Library of Congress Control Number: 2022940990

Rourke Educational Media
Printed in the United States of America
01-0372311937